L⁵h
1681

NOTICE
SUR LE
SIÈGE DE SCHELESTADT

Du 10 au 24 octobre 1870

Par le Comte A. DE CAMBOLAS

appartenant au 2me bataillon de la garde mobile du Bas-Rhin.

> Il en est de la vie des peuples comme de la nature, qui dans son impulsion éternelle, ne connaissant ni repos ni arrêt, a attaché sa malédiction à tout ce qui retarde ou suspend le mouvement. — HUMBOLDT.
> (*Cosmos.*)

TOULOUSE
DELBOY PÈRE, LIBRAIRE-ÉDITEUR
71, RUE DE LA POMME, 71
1871

NOTICE
SUR LE
SIÈGE DE SCHELESTADT

Du 10 au 24 octobre 1870

Toulouse, imprimerie J.-M. BAYLAC, rue de la Pomme, 34.

NOTICE

SUR LE

SIÉGE DE SCHELESTADT

Du 10 au 24 octobre 1870

Par le Comte A. DE CAMBOLAS

Lieutenant au 2me bataillon de la garde mobile du Bas-Rhin

> Il en est de la vie des peuples comme de la nature, qui dans son impulsion éternelle, ne connaissant ni repos ni arrêt, a attaché sa malédiction à tout ce qui retarde ou suspend le mouvement. HUMBOLDT.
> (*Cosmos.*)

TOULOUSE
DELBOY PÈRE, LIBRAIRE-ÉDITEUR
71, RUE DE LA POMME, 71
—
1871

A Monsieur le commandant de la place de Schelestadt, comte de Reinach;

Au Commandant

Et à Messieurs les officiers du 2ᵐᵉ bataillon de la garde mobile du Bas-Rhin.

———

Mon Commandant,

Messieurs et chers Camarades,

Permettez-moi de vous dédier cette courte notice dans laquelle j'ai essayé de retracer le souvenir des luttes et des travaux que j'ai eu l'honneur d'entreprendre avec vous pendant la durée du siége de Schelestadt. Ces pages, qui pour mes lecteurs ne peuvent avoir d'autre prix que celui qu'on attache à la parfaite exactitude des faits et à la sincérité des impressions, auront pour moi le mérite bien plus grand de me rappeler toujours l'un des souvenirs les plus précieux et certainement le plus flatteur de ma vie. Elles me rappelleront encore la dette de reconnaissance que j'ai contractée envers notre cher commandant du bataillon, envers mes chefs, envers vous tous, qui m'avez accueilli dans vos rangs avec tant de bienveillance et d'amitié.

Personne moins que nous ne peut lire dans l'avenir, personne moins que nous ne possède d'influence sur la future destinée, puisqu'en ces tristes moments nous ne nous appartenons pas nous-mêmes; mais si j'avais la puissance de soulever un coin du sombre voile qui la recouvre, et si derrière ce voile j'apercevais l'Alsace debout, adressant un deuxième appel à tous vos dévouements, je vous demanderais de me recevoir encore dans vos rangs.

J'accourrais alors pour reprendre avec bonheur et fierté mon ancien poste de combat, car, je le sais, défendre et protéger l'Alsace, sera toujours le moyen le plus sûr de servir LA FRANCE, NOTRE CHÈRE PATRIE.

A. de Cambolas.

Breslau, le 15 Novembre 1870.

NOTICE
sur le
SIÉGE DE SCHELESTADT

I

La ville de Schelestadt.

La ville de Schelestadt est située sur la frontière qui sépare les deux départements du Haut-Rhin et du Bas-Rhin, en avant de la fertile plaine qui s'étend du Nord au Midi entre les Vosges et le fleuve. La charmante ville, protégée par la double ceinture de ses vertes forêts et de ses montagnes bleues, a plutôt l'air de dormir, paresseusement couchée sur l'herbe des prairies, que de veiller debout et l'arme prête, comme une vigilante sentinelle préposée à la garde d'un rempart.

A l'ouest, au pied des glacis, tout le long de la route qui conduit à la montagne, se groupent une multitude de maisonnettes entourées de houblonnières et de vergers fleuris ; plus loin s'élèvent des villas qui paraissent abriter le bonheur sous l'ombre des grands platanes, des usines qui renferment le travail et d'où s'écoulent de riches produits ; et puis, au travers de tout ce peuple de travailleurs et d'oisifs, court un chemin de fer dont le mouvement continu fait circuler la vie entre les deux belles contrées. Enfin, à l'horizon se dressent les grandes montagnes couronnées de leurs antiques manoirs dont le Kœnigsbourg est le seigneur suzerain.

Au sud de Schelestadt, le paysage présente un tout autre aspect : La route qui sort de la porte de Brisach pour courir vers Markolschm traverse de grandes prairies, en partie inondées par la petite rivière de l'Ill, dont les eaux concourent ainsi à la défense de la place. Après avoir franchi l'inondation, la route s'enfonce dans les bois de chênes et de hêtres dont les lisières viennent border les rives du lac improvisé. Au travers de ce lac, très étendu mais peu profond, on voit quelquefois passer de grandes voitures lourdement chargées dont les attelages fendent difficilement les eaux.

Le soir, lorsque le soleil couchant éclaire le faîte des grands bois et détache la noire silhouette du Kœnigsbourg sur la montagne dorée, le promeneur qui rentre dans la forteresse ne peut s'empêcher de jeter sur cette belle nature un triste regard, en songeant aux cruelles dévastations dont elle est menacée !

La ville de Schelestadt elle-même n'a rien de remarquable : ses rues étroites, ses vieilles maisons qui s'élèvent autour des remparts, font redouter, pour elle et pour sa dense population d'environ dix mille âmes, l'éventualité d'un siége. Elle contient cependant une précieuse relique moyen-âge, je veux parler de sa cathédrale dont le portail et le clocher sont un chef-d'œuvre de l'art gothique vers le milieu du XIVe siècle. Quelques églises sont également dignes d'attention, entre autres l'église Sainte-Foy, dont le clocher est aussi un très bel échantillon d'architecture romane.

Dans les premiers jours du mois d'aout 1870, un heureux hasard me conduisit à Schelestadt, et je trouvai toute bruyante d'apprêts guerriers, cette petite ville qui me semblait plutôt devoir être le paisible séjour des poètes, des savants, ou des rêveurs. Je m'enfermai dans ses murs, et j'appris bientôt à admirer, au milieu de ses défenseurs, cette belle et noble Alsace que tous ses enfants ont défendue avec un héroïque courage, en combattant pour la France, seuls et sans espoir de secours contre d'innombrables ennemis.

II

La place. Sa garnison.

Je ne dirai que quelques mots de la place de Schelestadt au point de vue militaire ; une description sommaire de la forteresse suffira pour guider le lecteur au milieu des événements qui se sont passés durant le siége, dont je n'ai pas la prétention de décrire les péripéties avec l'exactitude et la science d'un ingénieur.

La place de Schelestad présente :

1° *Une première enceinte* formée d'ouvrages avancés qu'il a été impossible d'occuper à cause de l'insuffisance de la garnison ; ces ouvrages ont dû même être détruits pour que l'ennemi ne pût les retourner contre nous.

2° *Le corps de place* défendu par 8 bastions reliés entre eux par leurs courtines respectives.

3° *Trois cavaliers* protégeant de leur feu les bastions 30, 31, 32, cavaliers portant eux-mêmes les numeros de leur bastion respectif.

4° La défense est complétée par une inondation provoquée par le barrage de la rivière l'Ill, et qui s'étend du bastion 28 au bastion 34, couvrant un espace de 2 kilomètres environ dans le sud de la place.

Trois portes donnent accès dans la forteresse : la première à l'ouest, dite *porte de Colmar*, entre les bastions 29 et 30 ; la 2ᵉ au nord-est, dite *porte de Strasbourg*, entre les bastions 32 et 33 ; la 3ᵉ au sud-est, dite *porte de Brisach*, entre les bastions 34 et 36.

Le système de défense appartient à celui de Vauban et date de son époque.

La place de Schelestadt, par sa situation entre les Vosges et le Rhin, avait pour mission de défendre un des principaux défilés de cette chaîne de montagnes sur Saint-Dié par le val de Villé. Elle devait protéger également la ligne du chemin de fer de Strasbourg à Bâle qui dessert les deux départements du Haut et du Bas-Rhin. Cette place, située entre Strasbourg et Belfort, aurait eu une importance considérable si elle avait possédé sa garnison normale, qui devait être de 6 à 7 000 hommes. Elle aurait pu servir de base d'opération à un corps d'armée qui aurait eu pour objectif Strasbourg ou le Haut-Rhin, ou bien encore la défense des défilés des Vosges.

LA GARNISON
État major de la Place

Commandant Supérieur : . . . . . . le commandant Cte DE REINACH.
Adjudant : . . . . capitaine SPEITEL.

Génie

Commandant. . . . . Le chef de bataillon CAHEN.
Capitaine.. . . . . DERBÈS.
Lieutenant. . . . . RISACHER.

Artillerie
Etat-major

Commandant. . . . . Le chef d'escadron PINOT.
Capitaine.. . . . . MOURON.

Artillerie de Ligne
Une demi-batterie

Capitaine.. . . . . MORIO.
Lieutenant en 1er. . . . . GUIROY.
Lieutenant en 2^e. . . . . LASSÈGUES.
Adjudant. . . . . BARSOULA.

Artillerie de la Garde mobile
4 Batteries

Capitaines. . . . . MM. PERFETTI, STOFFEL, MAGNIER, JULIERS.

— 13 —

Lieutenants en 1er . . . . MM. Vatin, Person, Arnold,
Bernheim.
Lieutenants en 2e . . . . MM. Samuel, Fiselbrand, Bach
Rigault.

2e bataillon de la garde mobile du Bas-Rhin

Effectif : 8 compagnies à 150 hommes, soit 1200 hommes.

Commandant. . . . . Le chef de bataillon Bon de Reinach.

1re Compagnie. *Capitaine* . . MM. B^{on} de Cœhorn.
              Lieutenant. . Jœglé.
              S^s Lieutenant Beynders.

2e Compagnie *Capitaine* . . Millet.
              Lieutenant. . Jochim.
              S^s Lieutenant Andlauer.

3e Compagnie *Capitaine* . . Bœll.
              Lieutenant. . Sido.
              S^s Lieutenant Forget.

4e Compagnie *Capitaine* . . Gazeau.
              Lieutenant. . de Bulach.
              S^s Lieutenant Sauer.

5e Compagnie *Capitaine* . . Forget.
              Lieutenant. . Centlivre.
              S^s Lieutenant Walter.

6e Compagnie *Capitaine* . . Bohn.
              Lieutenant. . Sommervogel.
              S^s Lieutenant Levrault.

7e Compagnie *Capitaine* . . Schmitt.
              Lieutenant. . de Cambolas.
              S^s Lieutenant Perron.

8e Compagnie *Capitaine* . . Stouvenot.
              Lieutenant. . Minicus.
              S^s Lieutenant Schomas.

Adjudant-sous-officier. . . . . Schat.

Deux escadrons de dépôt du 2ᵉ et 6ᵉ Lanciers
Effectif : 280 hommes.

6ᵉ Lanciers

Commandant............	MM. Le chef d'escadron CHALLOT.
Capitaines............	CHANDELLIER, BOUILLIÉ, MORAU, CHAMPAGNE, GATELET.
Lieutenants............	BRESSANGES, NUSSARD.
Sous-Lieutenants.......	DUFOUR, JOUVE.
Adjudant............	LEROUK.

2ᵉ Lanciers

Commandant............	MM. Le chef d'escadron DU SAULLE.
Capitaines............	MARIANVAL, DUHAUTBOURG, LEMÉTAYER, FLAMBARD, MAHUR, ANDRÉ.
Sous-Lieutenants.......	FAUCONNET, DE HEURTOMONT.
Adjudant-sous-officier....	BERGER.

III

Le Siége.

§ 1ᵉʳ Préliminaires.

Au moment de l'ouverture des hostilités, c'est-à-dire le 2 août, la place de Schelestadt ne possédait encore aucun moyen de défense. Ses canons n'étaient même pas sur les remparts. La confiance dans la victoire était telle, que personne en France ne s'était arrêté à cette idée que nos villes fortes pourraient avoir un siége à soutenir : aussi lorsque les désastres de Wissembourg et de Freschviller vinrent comme un coup de foudre nous réveiller au milieu de nos rêves de triomphes, la France, en jetant les yeux autour d'elle, reconnut que sa ceinture de forteresses était prête à tomber au moindre choc. Comme Strasbourg, Verdun, Toul, Sedan, Schelestadt était abandonnée dans ses vieilles murailles, sans casemates, sans abris, presque sans garnison. Ainsi dépourvu, Schelestadt pouvait-il songer à se défendre ?.... Ses braves commandants décidèrent que quoiqu'il pût arriver, la place ne se rendrait qu'à la dernière extrémité, après avoir prouvé à l'ennemi que même avec de mauvaises armes on peut combattre bravement.

Aussitôt, sous l'énergique impulsion du commandant supérieur comte de Reinach, chacun se mit à l'œuvre avec un entier dévouement. Le commandant de l'artillerie Pinot déploya dans l'armement de la place tant d'intelligence et d'activité, en improvisant pour ainsi dire les ressources qui ne paraissaient pas exister, que bientôt les bastions, les cavaliers et le courtines présentèrent à l'ennemi un front menaçant et bien gardé. Dans les derniers jours du mois d'août on comptait 120 pièces en batterie ; canons rayés de 24, pièces de campagne, mortiers, garnissaient les remparts, et l'on pouvait être dès cette époque entièrement rassuré sur l'éventualité d'une attaque de vive force. En même temps, sous la direction des capitaines Mouron et Morio, l'artillerie de la garde mobile s'exerçait chaque jour et bientôt elle ne tarda pas à prouver qu'elle était parvenue à la hauteur de sa tâche.

De son côté, le commandant du génie Cahen travaillait avec tout autant d'énergie à compléter les défenses de la place; aidé du capitaine Derbès, il faisait travailler sans relâche soit à fortifier les côtés faibles de l'enceinte, soit à en dégager les abords ; ces messieurs se multipliaient avec un dévouement absolu pour mener à bonne fin cette mission ingrate et difficile.

Enfin, le commandant de la garde mobile, baron de Reinach, donnait tous ses soins à l'organisation du bataillon qui devait fournir les soldats à la défense. La tâche était difficile ; tout était à créer, car les ressources se trouvaient fort limitées. Cependant les difficultés furent bientôt vaincues, et dans les premiers jours de septembre nos 8 compagnies, habillées, organisées, exercées, formaient un bataillon d'un effectif d'environ 1,200 hommes que leurs chefs auraient pu, dès ce moment, présenter avec confiance à l'ennemi.

Les détachements prussiens qui rôdaient autour de la place ne tardèrent pas à s'apercevoir de cette rapide transformation ; sans cesse inquiétés par le feu bien dirigé de notre artillerie, mis en fuite par quelques sorties heureuses de la garnison, ils ne durent pas tarder à se convaincre que pour eux la prise de Schelestadt, au lieu d'être la conséquence rapide d'un coup de main, nécessiterait au contraire un siége régulier, entrepris avec des forces nombreuses appuyées par de la grosse artillerie.

Pendant ces travaux et depuis les premiers jours d'août, des alertes continuelles tenaient la garnison constamment en éveil. N'ayant pas encore la conscience de sa force, se sachant entourée par des ennemis nombreux et entreprenants, la place veillait nuit et jour pour ne pas subir la honte d'un enlèvement par surprise.

Le 12 de ce mois d'août, si fertile en sinistres catastrophes pour notre malheureux pays, vers dix heures du soir, les sentinelles de garde entendirent de sourdes et lointaines détonations; elles devinrent d'heure en heure plus fortes et plus rapides, et le matin on reçut la nouvelle que le terrible bombardement de Strasbourg venait de commencer!...... On peut affirmer que la garnison de Schelestadt a assisté, pendant les 45 jours de cette défense héroïque, au long et glorieux martyre de sa malheureuse capitale. Chaque nuit tout le monde prêtait l'oreille et cherchait à se rendre compte de la violence de l'attaque ainsi que de l'énergie de la défense; vers la fin on était même heureux d'entendre toujours cette lugubre canonnade: « Strasbourg tient encore! » se disait-on, chaque soir,... « Entendez-vous le canon?... » « Oui!... Ecoutez. » Et les détonations pressées, continues, se faisaient entendre chaque nuit depuis le coucher du soleil jusqu'au matin!... En écoutant ces bruits lointains, nous nous laissions encore aller à l'espérance: Strasbourg, disions-nous, ne peut tarder à être secouru. Strasbourg, par son héroïque résistance, sauvera l'Alsace!... » Avec quelle impatience fiévreuse nous attendions tous cette armée de délivrance qui devait terminer le supplice qu'enduraient nos malheureuses provinces, et arrêter enfin la destruction presque consommée de leur belle capitale...... Hélas! cette armée annoncée chaque jour ne se montra jamais, et jusqu'à la fin nos espérances furent cruellement déçues...... L'Alsace a été abandonnée à sa fatale destinée, elle a lutté jusqu'au bout sans espoir..... Un jour elle a fini par mourir, les yeux tournés vers la France qu'elle appelait encore... sans la maudire.... en rendant le dernier soupir!

Période active.

Sortie du capitaine Stouvenot, son rapport. Incendie de la zône militaire. Proclamation de la République. Troubles. Sommation de l'ennemi. Lettre du commandant de place.

Pendant le siège de Strasbourg, l'armée prussienne envoyait de nombreux détachements de cavalerie chargés d'éclairer le pays autour d'elle. Ces cavaliers se montraient souvent dans les villages qui avoisinent Schelestadt et les rançonnaient à outrance ; le val de Villé était surtout le but préféré de leurs excursions. Le commandant de Reinach voulant éviter que la place fût serrée de trop près par ces éclaireurs et en même temps essayer d'en délivrer le pays environnant, ordonna une sortie.

Le 17 août au matin deux détachements, le 1er composé d'un peloton de lanciers fort de 30 hommes et d'une compagnie d'infanterie de ligne commandée par le capitaine Schmitt de la garde mobile ; le 2e détachement fourni par la 8e compagnie de la garde mobile, capitaine Stouvenot, sortirent de la ville et se dirigèrent à 6 kilomètres sur la route de Strasbourg dans l'espoir de capturer un escadron de dragons Badois qui avait été signalé dans cette direction. Après quelques heures de recherches, nos troupes rentrèrent en annonçant qu'elles n'avaient pu atteindre l'ennemi prévenu de leur approche.

Le soir de ce même jour, le capitaine Stouvenot partit vers une heure avec la 8e compagnie et le lieutenant Minicus pour aller faire une reconnaissance dans le val de Villé, à 15 kilomètres environ de la place. Cette reconnaissance, entreprise par cinquante hommes admirablement commandés, fut couronnée d'un beau succès. La 8e compagnie surprit dans leur bivouac 250 cavaliers badois, les aborda résolûment, en tua ou blessa un grand nombre, en prit cinq et mit le reste en fuite A quatre heures un messager arrivait à Schelestadt annonçant que la 8ᵉ compagnie était fortement engagée dans Thanvillé contre des forces supérieures et demandait du secours. Aussitôt le commandant de Reinach ordonna au capitaine Schmitt de partir avec la 7ᵉ compagnie pour aller soutenir la 8ᵉ. Cette compagnie prit aussitôt les armes et marcha rapidement au secours du capitaine Stouvenot ; mais arrivée non loin du théâtre de la lutte, elle vit accourir vers elle une partie de la 8ᵉ compagnie avec son capitaine en tête et ramenant leurs prisonniers. Les deux troupes se saluèrent par des cris de triomphe et rentrèrent ensemble dans la place au milieu des vivats de la population.

Voici le rapport envoyé par le capitaine Stouvenot au commandant supérieur :

A Monsieur le commandant supérieur de la place de Schelestadt.

« MON COMMANDANT,

» J'ai l'honneur de vous rendre compte que hier 17 août, vers 1 heure de l'après-midi, je quittais Schelestadt, avec 1 officier et 48 hommes de ma compagnie, pour aller attaquer un fort détachement de dragons badois campé dans les environs de Thanvillé.

» Arrivé à la station du val de Villé, je vis venir trois cavaliers ennemis dans notre direction. Je plaçai de suite mes hommes dans la cour d'un moulin, au bord de la route, et le long du canal qui alimente le moulin, avec ordre de ne pas bouger, espérant ainsi cerner et prendre les 3 cavaliers ; mais ceux-ci rebroussèrent chemin à 200 mètres de nous sur une indication donnée par une femme qui nous avait vus. Quelques coups de fusil tirés à la hâte blessèrent l'un des cavaliers qui fit encore 500 mètres avant de tomber de cheval.

» Alors je divisai ma troupe en deux détachements destinés, l'un à opérer du côté de la forêt de Chatenois et l'autre à barrer le passage à la jonction des routes de Barr, Scherviller et Schelestadt. Ce mouvement fut exécuté avec la plus grande précision, et une barricade que j'eus bien soin de masquer par une vingtaine d'hommes, était installée à l'intersection de ces trois embranchements. Les dragons poussèrent trois charges infructueuses sur cet obstacle; pendant ce temps-là, mes tirailleurs les attaquant par le flanc les forçaient à prendre la fuite à travers les vignes sur la montagne dans la direction de Howard.

» Ayant été prévenu de l'arrivée d'une compagnie de soutien, je réunis la plus grande partie de mon monde pour la ramener à Schelestadt, pendant qu'une douzaine d'hommes continuaient la poursuite jusqu'à Villé. Tous sont rentrés en ce moment, je n'ai eu qu'un seul blessé. Nous avons ramené cinq prisonniers, et j'ai laissé au village de Saint-Maurice une dizaine de blessés dont un officier.

» Je ne saurais trop féliciter nos jeunes gardes mobiles pour leur courage. Ils se sont battus comme les meilleures troupes. Je dois vous citer tout particulièrement le lieutenant Ménicus et les sergents Steiner et Keller pour leur bravoure et leur sang froid. »

» Je suis avec respect, mon commandant, votre très-humble et très dévoué serviteur,

» *Signé* : Capitaine Stouvenot.

» Schelestadt, 18 août 1870. »

(Note du capitaine Stouvenot.

Les dragons sont revenus le lendemain au soir et ont emmené leurs blessés, ils ont enterré quelques morts et se sont retirés après avoir mis au pillage le château de M. de Castex. Ils ont dû trouver d'autres blessés dans les vignes, car il y avait une vingtaine de chevaux errants sans cavaliers.

L'apparition de plus en plus fréquente de l'ennemi autour de nos remparts, ainsi que les rapports des espions, faisant croire que l'heure du siége approchait, le conseil de défense se décida à prendre une mesure énergique que la prudence ordonnait, mais dont il avait, par humanité, suspendu l'exécution. Le 23 août, le génie reçut l'ordre de raser ou d'incendier tout ce qui était debout dans l'intérieur de la zône militaire, c'est-à-dire de faire disparaître par la hache ou le feu, les maisons, jardins, bois, vergers, arbres de toute nature qui se trouvaient dans un rayon de 2,300 mètres autour des glacis. Aussitôt des compagnies d'ouvriers, prises parmi les soldats de la garnison, sortirent de la place sous le commandement du commandant Cahen, et l'œuvre de destruction commença au milieu des cris de désespoir d'une population subitement frappée dans ce qu'elle avait de plus précieux et de plus cher.

Le spectacle qui s'offrit à nos regards pendant ces affreuses journées du 23 et 24 août, ne peut se décrire. Un immense nuage de fumée incandescente s'étendit sur cette plaine tout à l'heure encore si riante et la couvrit d'un voile noir, percé de temps à autre par d'énormes langues de feu. Les flammes enveloppèrent bientôt de toutes parts ces belles campagnes dont les villas, les chaumières et les châteaux disparurent en quelques heures comme s'ils eussent été précipités subitement au fond d'un abîme..... La mine fit sauter ce que l'incendie n'avait pu détruire, et l'on entendit, pendant ces longues journées, leurs violentes détonations suivies du sourd fracas des écroulements continus. Le 25 au matin, la zone militaire ne présentait plus aux regards que des ruines fumantes au milieu desquelles errait dans un morne silence une population éplorée, essayant d'arracher aux flammes quelques débris encore brûlants. Ces malheureux ne possédaient plus ni pain, ni demeure, mais en revanche, l'ennemi ne trouverait plus ni un arbre, ni un pan de mur pour lui servir d'abri.

Les derniers jours d'août furent employés à compléter la destruction ; on abattit également sur les remparts tous les arbres qui pouvaient servir de points de repère, et ce fut au milieu de ces pénibles travaux que les terribles événements du 31 août et du 1er septembre vinrent nous surprendre. La France venait d'être abattue sur ce funeste champ de bataille de Sedan qui engloutit en même temps dans sa honte la monarchie impériale. Le 4 septembre, la République était proclamée à Paris, et ce même jour Schelestadt installait son nouveau gouvernement devant lequel le sous-préfet, M. Peloux, se retirait avec beaucoup de dignité.

Malheureusement à Schelestadt comme dans la plupart des villes de France, l'avénement de la République, qui devrait être partout l'avénement de la fraternité et de la paix civile, entraîna des désordres ou plutôt des tentatives de désordres de la part de cette écume populaire qui monte toujours à la surface de toutes les révolutions. Quelques hommes d'autant plus coupables qu'ils connaissaient les funestes conséquences de leur conduite en face de l'ennemi, tentèrent de s'emparer du pouvoir. Ils essayèrent en leur propre nom, sans mandat, sans autre autorité que celle de leur bon plaisir, de se substituer aux autorités régulièrement constituées; mais ils oubliaient que la ville était, par les lois sur l'état de siége, entre les mains du commandant militaire. Ces agitateurs avaient fait imprimer une circulaire dans laquelle ils appelaient le peuple à les seconder dans leurs projets, et lui donnaient rendez-vous sur la place de l'Hôtel-de-Ville, à deux heures de l'après midi : ils s'y rendirent eux-mêmes en effet, mais grâce à l'énergie du commandant supérieur de Reinach, et à l'habileté de ses dispositions, leur complot échoua misérablement, et tous les signataires de la proclamation furent saisis et emmenés sous bonne escorte dans la prison de ville. L'émeute se trouva ainsi comprimée à son origine sans qu'il eût été nécessaire d'en arriver à une plus sévère répression. Les chefs du complot étaient à peine enfermés, que le Conseil municipal adressa au commandant de la place une respectueuse requête pour qu'il voulût bien relâcher *ces hommes plus égarés que coupables;* le commandant y consentit à la condition que ces messieurs signeraient une rétractation de leurs projets ainsi qu'une formule de regrets pour les avoir comploté. Je crois devoir reproduire le texte de ce document, qui prouve que les révolutionnaires de Schelestadt étaient beaucoup plus à plaindre qu'à redouter..... On les plaignit, et on les relâcha.

Déclaration signée par 12 habitants de Schelestadt à la suite de leur tentative insurrectionnelle.

« Les soussignés signataires de la proclamation adressée aux habitants de Schelestadt, le 5 septembre, commençant par ce mots : « Citoyens, la République Française » et finissant par ceux-ci : « à 2 heures de l'après-midi, »

Ayant eu connaissance de la délibération du conseil municipal en date de ce même jour,

» Déclarent s'associer pleinement aux sentiments exprimés dans ladite délibération,

» Regrettent la démarche *illégale* et *irréfléchie* qu'ils ont tentée,

» Et s'engagent, envers le conseil de défense, à user de toute leur influence sur la population pour y maintenir le calme, le bon ordre et le patriotisme si indispensable en présence de l'ennemi et dans les circonstances graves que nous traversons.

» Schelestadt, le 5 septembre 1870. »

Suivent les 12 signatures.

En même temps que ces événements se passaient, le commandant de place recevait du camp ennemi la lettre suivante :

Au commandant impérial français comte de Reinach, à Schelestadt.

» J'ai l'ordre de faire connaître à votre seigneurie que, d'après le télégramme qui vient de me parvenir, l'armée du maréchal de Mac-Mahon a été complètement battue à Epernay ; il n'y a donc actuellement plus aucune armée française en ligne, Bazaine étant enfermé dans Metz depuis le 19.

» Votre seigneurie pourra se rendre compte de la composition du corps d'armée de Mac-Mahon, en lisant le journal ci-joint.

» Muttersholz, 7 septembre 1870.

» Le commandant des postes avancés,

» *Signé :* Major KIEFFER.

A la lettre était joint le n° du *journal de Carlsruhe* du 31 Août.

Cette lettre fut suivie d'une sommation de rendre la place, portée à Schelestadt par M. Andlauer, maire de Kogenheim.

Le commandant de Reinach répondit par la lettre suivante à ces deux communications :

» Schelestadt, le 4 septembre 1870.

« Monsieur le commandant,

» Quels que soient les événements qui aient pu se passer, je n'ai qu'une reponse à donner à la communication que vous me faites l'honneur de m'adresser. Mon devoir est de conserver à la France la place de Schelestadt, et je saurai le remplir.

» Veuillez agréer, monsieur le commandant, l'assurance de ma considération la plus distinguée.

» *Signé :* Comte de REINACH.

Cependant l'heure du siége de Shelestadt approchait. Le 26 septembre, la garnison, qui jusqu'à cette époque avait entendu chaque nuit retentir le canon de Strasbourg, éprouva un frémissement de colère et de douleur, lorsque les sentinelles déclarèrent que depuis vingt-quatre heures la canonnade lointaine avait cessé. La nuit suivante, officiers et soldats de garde coururent aux remparts, ils écoutèrent avec anxiété, mais le silence ne fut plus interrompu, l'horizon resta sombre aux regards qui l'interrogeaient..... Hélas ! il n'était que trop vrai, Strasbourg à bout de forces, venait de capituler.

– § 11. 2ᵉ Sommation. — Investissement. — Bombardement. — Capitulation.

A partir de ce moment on s'attendit chaque jour à voir apparaître l'ennemi devant la place ; on poussa en conséquence avec une grande activité les travaux complémentaires de la défense, et l'on ne tarda pas à se trouver aussi prêt que possible eu égard aux moyens limités dont on avait pu disposer.

La fin du mois de septembre et les premiers jours d'octobre s'écoulèrent au milieu d'alertes continuelles et d'escarmouches sans importance. Le 29 septembre on avait fait partir pour Belfort les 300 chevaux de lanciers qui n'étaient plus d'aucune utilité et qu'on ne voulait pas exposer à tomber entre les mains de l'ennemi.

Enfin, le 10 octobre à 1 heure de l'après-midi, on voit s'agiter un drapeau blanc en avant de la porte de Colmar ; c'est un capitaine de hulans accompagné d'un second officier qui se présente en parlementaire. Le commandant de la place est aussitôt prévenu, et le parlementaire est introduit peu de temps après par M. Nussard, lieutenant de lanciers de garde à l'avancée ; il est reçu dans le corps-de-garde par le comte de Reinach, commandant de place, le commandant du Saulle, du 2ᵉ lanciers, le capitaine Derbés du génie, et M. Schomas, sous-lieutenant de la garde mobile, interprète.

Le parlementaire demande la reddition immédiate de la place et déclare que si elle n'a pas capitulé avant trois heures, elle sera immédiatement bombardée. Le commandant refuse par ces quelques paroles énergiques : « Monsieur, dites à votre général que je n'ai rien à répondre à cette sommation, c'est le canon qui parlera pour moi. »

Le parlementaire se retire aussitôt, on lui accorde à lui et à son escorte une demie heure pour rentrer à leur camp. Le même jour l'ennemi paraît vouloir exécuter sa menace, il lance sur la ville une vingtaine d'obus qui viennent éclater autour des casernes ; mais cette canonnade, à laquelle la place a vivement répondu, cesse bientôt.

La ville dès lors est complètement investie par une armée de siége d'environ 13 à 14,000 hommes, commandée par le général Schmeling, dont le quartier-général est établi dans le village de Kintzheim.

Du 11 au 18 octobre, l'assiégeant n'entreprend contre nous aucune attaque bien sérieuse ; on suppose qu'il travaille à ses batteries, et la place inquiète ses travaux par de fréquents coups de canons dont l'effet est souvent heureux. Pendant ces quelques jours de répit la garnison construit avec ardeur ses abris et trous de loup au pied des remparts tout le long des courtines, chaque compagnie s'établissant à son poste de combat. Ces ouvrages, activement poussés, sont à peu près terminés le 18 au soir. Pendant cette même soirée l'ennemi démasque une batterie qui tire du village de Kintzheim et lance des obus sur la ville, la place répond vigoureusement à cette canonnade qui ne tarde pas à s'affaiblir.

Le 19 octobre à 6 heures et demie du matin, la place ouvre le feu sur les bâtiments de la Chapelle de l'Ill, situés à une distance d'environ 2,000 mètres et dans lesquels depuis longtemps s'abritait l'ennemi ; ce dernier ne répondit pas tout d'abord, lorsqu'à 9 heures et demie du matin une batterie bavaroise, qui venait d'être construite à 200 mètres environ au nord de la Chapelle, ouvre à son tour un feu assez vif sur l'avancée de la porte de Brisach, porte gardée par la 5ᵉ compagnie, à l'intérieur capitaine Forget et sous-lieutenant Walter, et à l'avancée par le lieutenant Cenlivre. L'attaque de cette partie de la ville devient très vigoureuse, l'avancée de Brisach est couverte d'obus, l'assiégeant tire sur les magasins à fourrage qui ne tardent pas à brûler : l'incendie s'étend de proche en proche, et après quelques heures les magasins n'existent plus. La place répond avec vigueur aux attaques de cette batterie dont le feu diminue d'intensité d'heure en heure et finit par s'éteindre vers midi.

A une heure la garde est relevée à la porte de Brisach : elle est prise par la 7ᵉ compagnie, capitaine Schmitt, avec le sous-lieutenant Perron et 60 hommes à l'intérieur, et le lieutenant de Cambolas avec 20 hommes et 6 artilleurs à l'avancée.

Vers 4 heures du soir le feu de la batterie de la chapelle de l'Ill reprend avec violence, il est toujours dirigé sur la porte de Brisach et toute la partie Est de la ville. A 5 heures une grande maison (Auberge du Faisan) est incendiée ; les pompiers, soutenus par des gardes mobiles, accourent pour éteindre le feu sur lequel les canons bavarois tirent sans cesse ; on finit par s'en rendre maître ; mais plusieurs hommes sont blessés, entre autres le sergent-major Baum, de la 1ʳᵉ compagnie. D'autres incendies ne tardent pas à se déclarer dans l'intérieur de la ville, plusieurs maisons souffrent beaucoup, quelques habitants sont tués ou blessés. La place répond avec une grande vigueur à cette canonnade qui dure ainsi pendant la nuit tout entière. Les projectiles ennemis sont principalement dirigés contre les casernes qui sont criblées d'obus et de boulets.

Le 20 à neuf heures et demie du matin, le *Manége*, transformé en 2ᵉ magasin à fourrage, prend feu et brûle avec une telle violence qu'après quelques efforts impuissants on reconnaît l'impossibilité de l'éteindre. L'assiégeant tire constamment sur les incendies qui prennent d'heure en heure d'effrayantes proportions ; il est facile de reconnaître qu'il s'acharne autant contre la ville, que contre les remparts. Comme la veille, vers midi, la canonnade s'apaise et la place jouit d'un moment de répit.

Durant cette 1ʳᵉ période de l'attaque on avait reconnu que l'ennemi établissait vers le nord de la ville des batteries destinées à croiser leur feu avec celle de la *Chapelle*. Autant que possible les bastions et cavaliers de la porte de Colmar inquiètent ces travaux par un feu soutenu et bien dirigé. La place manquant de bombes à feu pour éclairer les approches pendant la nuit, l'artillerie se trouve dans l'impossibilité d'entraver sérieusement les ouvrages qui la menacent. Durant les nuits obscures la ville se tait, et l'assiégeant profite de son silence, ainsi que de l'abri que lui offrent les vignes restées debout, pour établir des batteries à 900 mètres environ des bastions 28 et 29, sur les faces gauches du cavalier 30 et des bastions et cavalier 31.

A midi, la garde des portes est relevée ; à la porte de Brisach elle est prise par la 1ʳᵉ compagnie, à l'intérieur capitaine de Cœhorn et lieutenant Jœglé, à l'avancée sergent-major Baum. A la porte de Colmar la garde est montée par les lanciers ; à la porte de Strasbourg, elle est tenue en permanence par la 8ᵉ compagnie, capitaine Stouvenot, lieutenant Minicus, sous-lieutenant Schomas,

La place continue à canonner vivement les batteries bavaroises de la Chapelle, des bastions 34, 35 et 28, par les batteries des capitaines Perfetti et Juliers. Vers 3 heures de l'après-midi, le feu augmente d'intensité, l'ennemi commence à lancer des projectiles incendiaires qui allument encore plusieurs incendies dont les pompiers essayent vainement de se rendre maître. A partir de ce moment, on peut entrevoir cette triste vérité, que la ville de Schelestadt, avec ses rues si étroites et ses vieilles maisons de bois, brûlera toute entière sans qu'il soit possible de lui porter secours. Pendant la nuit, l'assiégeant ayant modifié son tir, la place craignant de perdre ses coups, reste silencieuse.

Le 21 les mêmes scènes se reproduisent ; la défense sait

très bien que l'ennemi exécute des travaux vers Chatenois et Kinzheim, mais elle ignore leur position. A chaque instant on s'attend à l'ouverture du feu sur les fronts nord ou nord-ouest de la place. L'artillerie lance de temps à autre des obus dans cette direction. La nuit du 21 est signalée par des incendies qui éclatent aux environs des casernes. Ces casernes constamment canonnées deviennent inhabitables, plusieurs compagnies les abandonnent et viennent se loger dans leurs abris blindés au pied des remparts. Il ne reste au quartier que la 2ᵉ compagnie et la moitié de la 6ᵉ, qui se logent dans les écuries blindées par le génie, dont l'activité multiplie les ressources de la garnison.

Le 22, les batteries de la Chapelle se portent en avant de 200 mètres environ et leur feu augmente d'intensité. Ce feu est dirigé tantôt sur les casernes et les poudrières, tantôt sur les monuments publics et la tour de la porte de Strasbourg. Les incendies se multiplient. Les bastions 34, 35, 28 répondent toujours vigoureusement à cette attaque, qui n'est évidemment qu'une diversion faite par l'assiégeant pour occuper la défense pendant qu'il met la dernière main à sa grande batterie.

Le 22 à midi, la garde des portes est relevée ; elle est prise à celle de Brisach par la 2ᵉ compagnie, capitaine Millet et lieutenant Joachim à l'intérieur, à l'avancée sous-lieutenant Andlauer. Vers 6 heures du soir, le feu redouble de violence, la redoute, fortin qui protège la porte de Brisach, est vigoureusement attaquée, elle se défend vaillamment avec ses 2 pièces de campagne dont l'une est bientôt démontée. En même temps la porte de Brisach est couverte de projectiles, les chaînes du pont-levis sont brisées et de nombreux et nouveaux incendies se déclarent aux environs de cette porte ; plusieurs obus tombent sur l'hôpital que ne protège plus le drapeau noir dont il est couvert. Cette canonnade continue ainsi durant toute la journée et toute la nuit, pendant laquelle la place ne répond pas afin de ne pas égarer ses coups.

Le 23, vers 6 heures et demie du matin, la grande batterie prussienne du nord-ouest ouvre son feu à 900 mètres de la place, contre les bastions 28, 29, 30, 31, et cavaliers 30, 31; batteries Juliers, Morio, Stoffel, sous la direction du commandant Pinot et des capitaines Mouron et Morio. Cette batterie ennemie, composée de mortiers de 27 et de 32 pouces et d'obusiers de 12, évaluée à 42 pièces, est en outre soutenue par une 2e batterie située à 2,200 mètres dans la direction du village de *Kintzheim*, l'assiégeant croise ainsi son feu avec celui de *La Chapelle*. La place répond sur le front attaqué, avec 25 pièces, mortiers de 27 et de 22, canons obusiers lisses ou rayés de 12, 16, 24 et 4 pièces de campagne.

Une canonnade d'une rapidité et d'une violence terrible commence alors; les bombes et les obus éclatent sur tous les points des remparts et de la ville : les incendies se propagent de tous côtés malgré les efforts que l'on tente pour les circonscrire. Cependant cette avalanche de projectiles n'empêche pas la garnison de faire son devoir, et les corvées fournies par les compagnies soit pour les travaux du génie, soit pour combattre les incendies, continuent leur ouvrage sous cette pluie de fer. Les blessés militaires et civils commencent à remplir les ambulances; l'ennemi tire avec le même acharnement sur la ville que sur les bastions : il couvre également les remparts de projectiles de toute espèce, boîtes à balles, obus à balles, coups de mitrailleuses dirigées contre les embrasures. Vers 8 heures un incendie des plus violents éclate au sud de la porte de Colmar; tout le quartier qui s'étend entre cette porte et les casernes est la proie des flammes, sur laquelle l'assiégeant tire sans cesse pour en augmenter l'intensité. La porte de Colmar est gardée par les lanciers commandés à l'intérieur par le capitaine Champagne et le sous-lieutenant Fauconnet et à l'avancée par le lieutenant Nussard. Cette porte est foudroyée sous les bombes et les obus, les bâtiments qui l'entourent brûlent de toutes parts. A l'avancée le lieutenant Nussard et ses artilleurs résistent avec une grande énergie à ce feu toujours croissant ; ne pouvant laisser ses deux pièces de 4 aux embrasures détruites, cet officier les place sur le chemin de ronde et fait tirer par dessus le parapet. L'attaque de la porte de Colmar devient tellement violente, que l'on craint que l'ennemi ne tente contre elle une attaque de vive force : le soir on double le poste et le commandement est donné au chef d'escadron Challot, du 6e lanciers. Autour de cette malheureuse porte de Colmar, se presse une foule éperdue qui supplie les soldats de la recevoir sous leurs abris ; les femmes et les enfants qui habitent ce quartier presque détruit par les projectiles, jettent des cris déchirants et implorent la pitié des officiers, qui ne pouvant exaucer leur prière détournent la tête avec douleur pour ne pas voir ce triste spectacle !

Vers 2 heures de l'après-midi, la défense, écrasée par la supériorité du feu de l'ennemi, commence à faiblir : 20 canons sont déjà démontés et beaucoup d'artilleurs sont hors de combat ; cette défense presque à bout de forces continue cependant encore avec énergie. Le bastion 29, capitaine Juliers, lieutenant Eiselbrand, ne tire plus qu'avec un seul mortier, mais ne cesse pas son feu. Dès 9 heures du matin le bastion et le cavalier 30 ont été démontés, leurs embrasures n'existent plus et les affuts sont brisés ; les capitaines Morio, Guiroy, le lieutenant Lassègue et l'ajudant Barsoula font de courageux efforts pour continuer la lutte avec les quelques pièces qui leur restent, après avoir réussi à réparer les embrasures. Le cavalier et le bastion 31, capitaine Stoffel, lieutenants Person et Rigault, attaqués avec la même vigueur, est moins maltraité, il continue son feu sans le cesser un seul instant ; comme le cavalier 30, il répare ses embrasures sous une pluie de projectiles de toutes sortes, mais ses artilleurs restent inébranlables sous ces terribles attaques dont leurs vieux capitaines, soldats de Crimée, n'auraient pu prévoir la violence.

Pendant ce temps, les batteries des bastions 28, 34, 35, sous le commandement du capitaine Perfetti et des lieutenants Vatin et Bach tirent avec tant d'énergie et de justesse sur les canons bavarois de La Chapelle, qu'elles finissent vers 11 heures du matin par éteindre leur feu. A midi, l'ennemi hisse un drapeau blanc pour annoncer qu'il abandonne ses positions et demander grâce, mais le tir de ses grandes batteries du nord-ouest augmentant toujours d'intensité, notre canonnade ne cesse sur aucun point et l'on continue à lancer des obus sur La Chapelle qui ne répond plus qu'à de rares intervalles. Ce succès inespéré enhardit la défense, qui fait d'héroïques efforts pour se maintenir contre les autres attaques. Pendant deux heures on espère qu'elle y parviendra, et cette terrible lutte continue jusqu'au soir avec le même acharnement d'un côté, avec le même courage de l'autre.

A 3 heures toute la partie sud-ouest de la ville n'est plus qu'un immense brasier. Depuis midi, la 6ᵉ compagnie de la garde mobile, sous les ordres du lieutenant Sommervogel et du sous-lieutenant Levrault, travaille avec une grande énergie non pas à l'éteindre, mais à en circonscrire l'étendue. De midi à 6 heures ils luttent contre le feu qui les enveloppe de tous côtés et au milieu duquel pleuvent des projectiles sans nombre. Dans cette tâche désespérée, presque inutile, ils sont dirigés par le capitaine Ringeisen, des pompiers qui depuis le début du bombardement n'a pas quitté son poste, et par le capitaine Bohn, adjudant-major de semaine, qui est accouru au premier signal à ce poste dangereux. A 6 heures et demie, les efforts de cette courageuse compagnie sont couronnés de succès, et l'incendie reste circonscrit dans un large foyer qui embrasse la 5ᵉ partie de la ville. A ce moment de la journée, cette malheureuse cité présente un lugubre spectacle; sillonnée dans toutes les directions par les bombes et les obus qui écrasent les maisons et tuent les habitants égarés à la recherche d'un abri, elle est couronnée par un épais nuage de fumée noire d'où semble s'échapper la foudre qui va l'anéantir !... A la nuit tombante cette affreuse scène n'est plus éclairée que par les ardentes flammes de l'incendie et le perpétuel éclat des bombes qui lancent dans l'air, à chaque minute, leurs gerbes de feu !

A 6 heures la défense est à bout de forces, embrasures, affûts, épaulements, n'existent plus ! La place espère cependant que la nuit tombante va lui apporter le calme et lui donner une trêve nécessaire pour seconder les efforts de ses travailleurs. Malheureusement cette espérance ne doit pas se réaliser; de 7 à 9 heures l'attaque a faibli et paraît devoir s'éteindre dans l'obscurité, mais à 9 heures le bombardement recommence avec une nouvelle fureur, il est dirigé sur les bastions et cavaliers démontés ainsi que sur la porte de *Colmar* dont le pont-levis est déjà détruit depuis longtemps. La porte de Strasbourg, gardée par les 7ᵉ et 8ᵉ compagnies, n'est pas non plus épargnée, les bombes tombent fréquemment sur les abris, l'un d'eux est écrasé, et deux hommes de la 7ᵉ sont tués sous leur blindage. A minuit la violence du bombardement arrive à son maximum d'intensité et continue ainsi jusqu'au matin. Vers 2 heures, le capitaine de ronde de Coëhorn, qui fait sa tournée sur les courtines pour visiter les sentinelles et les divers postes, annonce qu'une vraie pluie de bombes et d'obus s'abat sur les remparts et la ville, et que sous ce feu incessant les bastions ne peuvent parvenir à réparer leurs pertes. Cependant après de courageux efforts l'artillerie parvient à remplacer ses pièces détruites par quelques canons de campagne qui résistent courageusement jusqu'à ce qu'ils soient eux-mêmes renversés... La 1re compagnie, capitaine de Coëhorn, entretient seule une violente fusillade. Vers 4 heures du matin des bruits inquiétants commencent à circuler ; le commandant de place, le commandant de Reinach de la garde mobile qui ont constamment suivi la marche de l'attaque et les efforts de la défense, le commandant Pinot, les capitaines Mouron et Morio qui les dirigent; étaient, disait-on, très découragés dans la soirée qui vient d'inaugurer cette malheureuse nuit. Tout le monde commence à craindre que le lendemain la place ne puisse plus répondre par un seul coup de canon ; à 4 heures du matin elle est presque silencieuse et subit sans répondre les formidables attaques de l'ennemi sous lesquelles l'artillerie essaye vainement quelques inutiles réparations.

La matinée *du 24 octobre* vient bientôt éclairer le spectacle désolant des désastres accumulés pendant la nuit; nos bastions aux parapets détruits, aux canons renversés, nos embrasures béantes, et nos cavaliers qui ne sont plus qu'un monceau de ruines sur lesquelles deux ou trois canons encore debout continuent leur feu avec la même intrépidité qu'au début de l'action ; la porte de Colmar entièrement détruite, mais dont les débris sont toujours défendus par le commandant Challot, le capitaine Flambart et l'adjudant Berger des lanciers; la ville en feu ; et enfin, à 400 mètres derrière ses batteries victorieuses, l'ennemi tout prêt à monter à l'assaut!. . . .

. . . .

A six heures et demie du matin, le maire de Schelestadt se rend auprès du Conseil de défense et le supplie au nom des habitants de rendre la ville; le commandant de la place le prie de le conduire au milieu du Conseil municipal, dont il veut connaître l'avis; ils se rendent tous deux à l'Hôtel-de-Ville où le Conseil assemblé adresse au commandant de la place la même prière que le maire. . . .

. . . .

Le 24, à sept heures et demie du matin, le drapeau blanc flottait sur la tour de la cathédrale. . . . . .
. . . .

A cette vue, quelle angoisse vint étreindre les cœurs de la brave garnison!... La ville se rend, s'écrie-t-on de toutes parts avec douleur, et tous les yeux se remplissent de larmes; les soldats ne veulent pas croire à cette humiliation, beaucoup voudraient même imposer une résistance devenue impossible... Tout le monde court aux remparts, on envahit les cavaliers et les courtines; mais lorsqu'on se trouve en face de cette affreuse destruction, lorsqu'on a vu de ses yeux ces canons renversés sur leurs affûts détruits, ces embrasures béantes qui ne peuvent plus protéger leurs défenseurs, lorsqu'on aperçoit au pied des remparts la pauvre petite ville dont les maisons s'écroulent une à une dans les flammes, chacun, alors, baisse la tête, et le soldat brisant ses armes s'éloigne de cette scène de désolation en pleurant sur son impuissance!...

La ville est rendue! elle a capitulé... Mais l'ennemi reconnaissant la bravoure de sa garnison lui accorde les honneurs de la guerre. A quatre heures les troupes prussiennes feront leur entrée dans nos murs. Cette nouvelle est bientôt connue de tous; les soldats accourent, ils brisent leurs fusils, enclouent les canons et précipitent dans les fossés les projectiles et une partie des poudres. Bientôt ces hommes égarés par la colère se précipitent dans la ville et veulent détruire les provisions que l'intendance, maladroitement ménagère, a laissé s'accumuler dans les magasins. Aussitôt une effroyable confusion règne partout, toutes les armes sont mêlées et concourent au pillage, les bourgeois de la ville y prennent aussi une très grande part, ils luttent même contre les soldats restés fidèles qui veulent défendre l'entrée des magasins. La manutention est aussitôt envahie par une foule d'hommes, d'enfants et de femmes appartenant à toutes les classes et qui s'emparent de ce qui tombe sous leurs mains. D'un autre côté, les tonneaux de vin sont défoncés par les militaires, et bientôt l'ivresse de cette multitude qui ne reconnaît plus aucune autorité, vient augmenter encore cet affreux désordre.

Tout à coup, un bruit sinistre se répand dans la ville, on voit courir dans les rues des femmes et des enfants poussant des cris de terreur... « Les poudrières vont sauter !... » s'écrient-ils, « tous ces soldats ivres vont y mettre le feu !... » On fuit, ou plutôt on ne sait où fuir... Si les poudrières sautent, c'en est fait de la ville et de ses habitants !...

Aussitôt, de courageux citoyens s'emparent des fusils brisés, des baïonnettes tordues qui jonchent le pavé, et se précipitent du côté des remparts en s'écriant : « Aux poudrières !. . sauvons les poudrières !... »

Il n'était plus temps, hélas ! d'éviter tous les malheurs !.. Tout à coup une violente explosion se fait entendre, les fenêtres se brisent, des toits s'écroulent, les passants sont renversés dans les rues, et la ville se couvre d'un épais nuage de fumée.

C'est un abri contenant quelques centaines de kilogrammes de poudre, auquel ces misérables ont mis le feu, et qui vient de sauter avec 200 obus chargés. La terreur est à son comble, il y a, dit-on, beaucoup de morts et de blessés ; si le feu prend aux deux grandes poudrières dont les portes n'ont pas encore été fermées, c'en est fait de l'existence de toute la population. Mais ce n'est pas le moment de se laisser abattre par la peur, il faut arracher les poudrières à l'aveugle fureur des misérables qui veulent s'en emparer. Tout le monde court aux remparts, et Dieu permet qu'on parvienne à arrêter les hommes qui, des brandons en flammes à la main, étaient au moment d'accomplir leur funeste projet. Aussitôt on entoure les magasins à poudre d'un cordon de sentinelles, et dès-lors la ville est sauvée de l'immense danger qu'elle vient de courir. D'après les termes de la capitulation, la garnison devait être responsable de tous les accidents occasionnés par l'explosion des poudrières, et dans ce cas, devait rester à la discrétion de l'ennemi.

CAPITULATION DE SCHLESTADT, 24 octobre 1870.

(Traduction.)

Le général major de Schmeling, de l'armée royale prussienne, commandant la 4e division de réserve, invité par le gouverneur de Schelestadt, comte de Reinach, à cesser les hostilités contre la place, s'est entendu avec ce dernier pour conclure la capitulation suivante :

Article Premier.

Aujourd'hui, à 3 heures de l'après-midi, tous les postes des portes seront remis aux troupes prussiennes, ainsi que la redoute située sur le front Est de la place.

Article II.

Aujourd'hui, à 4 heures de l'après-midi, la garnison française, y compris la garde mobile, la garde nationale et les francs-tireurs, sortira de la place par la porte de Colmar, avec les honneurs militaires ; elle se formera en bataille entre les lunettes 2 et 3 et y déposera les armes.

Le gouverneur s'engage à veiller, dans la mesure du possible, à ce que toutes les armes soient livrées aux troupes prussiennes en bon état de conservation.

Article III.

Toute la garnison de Schelestadt, y compris les officiers et les employés militaires, sera prisonnière de guerre.

Les officiers et employés militaires conserveront tout ce qui leur appartient personnellement, à l'exception des armes.

Article IV.

Immédiatement après la déposition des armes, le gouverneur

s'engage à faire remettre régulièrement par les employés qui en sont chargés, aux officiers et employés prussiens désignés à cet effet, tout le matériel militaire et les armes de l'État.

Les officiers et employés chargés de cette mission de part et d'autre, se rencontreront aujourd'hui à 4 heures de l'après-midi hors de la porte de Colmar.

Article V.

Les habitants de Schelestadt seront autant que possible exempts de toute réquisition.

Article VI.

Eu égard au regrettable accident survenu lors de l'entrée des troupes prussiennes à Laon, par l'explosion de la poudrière, il est stipulé que si pareille chose devait se produire à l'entrée des troupes prussiennes dans Schelestadt, la garnison toute entière resterait à la discrétion du général major de Schmeling, du moment où l'on pourrait imputer à celle-ci une coopération quelconque à l'événement ou bien l'omission des mesures de précaution nécessaires.

Article VII.

La présente capitulation a été arrêtée et signée, d'une part par le commandant d'état-major de Kretschmann, mandataire du général major de Schmeling, et d'autre part par le gouverneur de Schelestadt, comte de Reinach.

L'approbation du général major de Schmeling sera immédiatement demandée, et dès-lors cette capitulation sera exécutoire.

Fait devant Schelestadt, le 24 octobre 1870.

Signés : Comte de REINACH.
Von KRETSCHMANN.

Approuvé :

Signé : Von SCHMELING,
Général major et commandant
de la 4ᵉ division de réserve.

IV

Le voyage de la garnison, de Schelestadt à Breslau.

Quatre heures sonnent, et l'on entend les tambours annonçant l'entrée des troupes ennemies qui viennent prendre possession de la ville. A la porte de Colmar, deux officiers prussiens chargés par leur général de venir rédiger la capitulation, sont reçus par le commandant Du Saulle du 2ᵉ lanciers qui doit les conduire chez le commandant de la place. Ces officiers, au moment de s'engager sous les voûtes du pont-levis, reculent à l'aspect des flammes et de l'épaisse fumée qui remplissent le passage. « Qu'est-ce donc que ce feu ? » demandent-ils avec inquiétude au commandant. « Qu'y a-t-il derrière cette fumée ? » « Ce n'est rien, » répond M. Du Saulle. « C'est le feu que vous avez allumé vous-mêmes, c'est le corps de garde qui brûle, voilà tout. » « Mais, peut-on passer... sans danger ? » « Certainement, messieurs, s'il en était autrement, je n'aurais pas accepté la mission de vous conduire. » « Vous nous en répondez sur l'honneur ! » « Oui, messieurs, sur l'honneur !... Seulement passez vite, en courant, avec un mouchoir sur la bouche.. suivez-moi ! » Et les trois officiers s'enfoncent rapidement dans la fumée, derrière laquelle ils trouvent bientôt la grand'rue.... Les Prussiens craignaient une trahison, ils n'avaient pas oublié la catastrophe de Laon.

Bientôt, les détachements ennemis débouchent de tous côtés ; ils occupent les portes, les remparts et la place de l'Hôtel-de-Ville sur laquelle les troupes de la garnison doivent se masser pour défiler.

A quatre heures et demie commence ce lugubre défilé

sous les baïonnettes des vainqueurs et sous les mornes regards de toute une population abattue !..... En quittant, vaincus mais non humiliés, au milieu de l'escorte ennemie, cette ville en ruine, quels sont ceux d'entre nous dont les yeux ne se sont pas mouillés de larmes ? Quels cœurs n'ont pas bondi de colère ?..... Nous marchions en rangs serrés, compagnies par compagnies, les officiers en tête, sabre au côté ; arrivés à l'avancée de Colmar, nous apercevons hors de la porte les lignes prussiennes rangées en bataille non loin des glacis. Dès que paraît notre tête de colonne, un roulement se fait entendre... C'est l'armée victorieuse qui présente les armes aux vaincus ; la garnison prisonnière défile entre deux haies de soldats devant les lignes ennemies ; en passant auprès de l'état-major, chaque officier rend son sabre ou plutôt le jette brisé devant lui ; le commandant de place de Reinach a seul l'autorisation de conserver son épée en témoignage de la courageuse défense des soldats qu'il commandait.

A partir de ce moment, nous commençons cette triste et pénible marche dont la première étape nous conduit à Gueymar, situé à 15 kilomètres environ de Schelestadt. Nous arrivons dans cette petite ville vers huit heures du soir, là on nous sépare de nos hommes que l'on fait camper autour de grands feux de bivouac allumés à l'entrée de la ville. On conduit ensuite les officiers dans une des grandes salles de la mairie, dans laquelle, tous réunis et gardés à vue, nous devons rester jusqu'au lendemain. On nous donne quelques bottes de paille pour nous étendre, et grâce à la générosité des habitants de Gueymar, nous pouvons manger quelques provisions que les malheureux, ruinés par l'occupation étrangère, trouvent encore le moyen de nous offrir.

Le lendemain 25 octobre, à neuf heures du matin, après un appel rigoureux, on nous fait descendre dans la grande rue de la ville, où nous trouvons notre escorte toute prête à nous recevoir. Nos soldats sont déjà partis en avant, ils marchent entre deux haies de baïonnettes, précédés et suivis par un fort peloton de uhlans ; un peloton d'infanterie sépare nos hommes des officiers, entourés, eux aussi, d'une double haie. Les commandants tiennent la tête de notre groupe dans une voiture fermée, à côté de laquelle se tient un officier de uhlans ; derrière nous marche un peloton d'infanterie, et enfin, à la queue de la colonne se trainent les charrettes contenant nos bagages et ceux de l'escorte, gardés eux-mêmes par une troupe de lanciers. Nos gardiens ont leurs armes chargées, ils ne nous perdent pas de vue, tout soldat ou officier qui s'attarde ou s'écarte, est surveillé par un factionnaire dont la consigne est de le saisir ou de le tuer s'il essaie de résister ou de s'enfuir ; plusieurs de nos hommes ont déjà payé de leur vie quelques tentatives d'évasion ou de résistance.

Cette immense colonne défile sur une longueur d'au moins deux kilomètres ; la marche est rapide, les crosses des fusils, les lances et les sabres sont toujours prêts à faire accélérer le pas. Ni la faim, ni la soif, ni la fatigue, ne sont une excuse, soit pour s'arrêter, soit même pour se ralentir.

« *Vorwarts!...* » Il faut marcher..... Lorsqu'à bout de force, un malheureux soldat, épuisé de fatigue et de faim, tombe sur le bord de la route, si les crosses des fusils n'ont pu parvenir à le faire lever, 4 hommes le jettent sur un char, mais on ne se résigne à cette extrémité qu'après avoir employé tous les moyens possibles pour le contraindre à avancer.

Pendant les premières heures de cette longue route, on oublie ces tourments. Nous sommes encore en France, toutes les pensées, tous les regards s'attachent au sol, aux arbres, aux montagnes de ce dernier vestige de la patrie, comme pour en emporter un lambeau..... Nous traversons de nombreux villages ; et dans tous, les habitants bordent les rues; les hommes ont la tête découverte, leurs yeux versent des larmes,... beaucoup tendent leurs bras vers nous,... les femmes parviennent quelquefois à rompre la haie de nos gardiens et nous offrent du pain, du vin, des fruits. Plusieurs officiers retrouvent dans ces hameaux des parents et des amis, on les salue par leur nom, souvent on parvient à les embrasser, mais l'étreinte ne peut être bien longue... « vorwarts!... vorwarts!... en avant!... » Partout les mêmes scènes se reproduisent; ce peuple échelonné le long de notre triste route, nous envoie du cœur et des lèvres un dernier adieu : c'est le suprême adieu de la patrie à laquelle nous sommes arrachés!... Pauvre Alsace!... Pauvre France!... nous vous laissons bien désolées, bien malheureuses,... plus malheureuses encore que vos enfants prisonniers! ..

Hélas! la terre française fuit rapidement sous nos pas, on approche de la frontière, et chacun détourne la tête comme pour s'attacher à la terre bien-aimée. Dans le lointain, on aperçoit encore les montagnes, les Vosges, dans les replis desquelles la plupart d'entre nous revoient leur maison, leur château, leur village; on en connaît la place, et tous ces tristes regards qui cherchent à l'horizon, l'ont bien vite retrouvée : « Voyez-vous, là-bas, » me dit mon compagnon de route en étendant la main vers la montagne, « là-bas, au pied de cette grande ruine..... c'est là que j'ai toujours vécu... c'est là qu'est ma vieille maison, au milieu des prés et des bois ; mon père, ma sœur l'habitent encore... quand ils sauront!... » et ses yeux obscurcis se détournent!... Un morne silence succède à ces tristes évocations, chacun se renferme dans sa douleur, et la colonne, précédée par l'image de ce bonheur perdu, continue à marcher rapidement sur la route de l'exil... Au loin, à l'horizon, s'élève au milieu d'une auréole d'un rouge sombre, une grande colonne de noire fumée,...

c'est Schlestadt qui brûle encore !..... « Vorwarts !..... vorwarts !... hurrah !... voici le Rhin !... s'écrient-ils à la tête du convoi..... Adieu ! adieu France, adieu Alsace !... nous vous laissons tout notre cœur,... quand vous reverrons-nous ? Mais lorsque nous vous reverrons, vos blessures ne seront-elles pas encore toutes saignantes !... »

Il est *trois heures*, nous entendons depuis longtemps déjà gronder le fleuve, lorsque tout à coup, au détour du chemin, le Rhin, grossi par les pluies des derniers jours, nous apparaît roulant ses eaux bourbeuses entre deux collines boisées. Un solide pont de bateaux, construit au début de la guerre, réunit les deux rives ; notre colonne s'engage sur le tablier, qui semble résister avec peine à la violence du courant, et bientôt elle aborde sur la terre allemande en face de cette célèbre ruine du Sponeck, si chère aux touristes, et qui crée l'un des plus beaux points de vue des bords du Rhin. Mais c'est à peine si on jette, en passant, un regard distrait et découragé sur le vieux donjon : la pluie tombe fine et serrée, nous marchons depuis six heures, et la fatigue, qui ne s'était pas trop faite sentir sur la terre française, commence à nous accabler. On n'a presque rien mangé depuis la veille, et ceux qui n'ont pas eu le bonheur de saisir au vol le morceau de pain lancé au milieu des rangs par une main française, sont encore à jeun. Aussi l'on commence à rencontrer sur le bord de la route des malheureux soldats qui demandent grâce : ils ne peuvent plus se soutenir ; ils viennent de tomber d'épuisement et de lassitude sur le revers du fossé ; les hommes de l'escorte les entourent pour les injurier et les battre, quelquefois ces pauvres malades, essayant d'échapper à leurs bourreaux, se relèvent, mais c'est pour aller tomber plus loin une dernière fois ; ils restent insensibles alors aux mauvais traitements, car toute force physique et morale les a abandonnés ! On finit cependant par les jeter sur les charrettes du convoi, qui ne sont bientôt plus d'aucun secours, car elles sont envahies par la foule des malades. Notre longue colonne, épuisée par la fatigue et la faim, se traîne sous des torrents de pluie pendant de mortelles heures. L'escorte impitoyable ne nous laisse pas une minute de repos, « vorwarts! vorwarts! » En avant, s'écrient-ils toujours : en insultant et frappant ceux qui ralentissent leur marche, officiers ou soldats. La nuit est venue, elle est noire, et dans l'ombre nos ennemis se livrent lâchement envers nous à des actes de brutalité qu'ils n'auraient pas osé commettre à la lumière du jour, de peur d'en rougir. Beaucoup de soldats et d'officiers de l'escorte, qui se sont arrêtés trop souvent pour boire dans les divers villages que nous traversons, ont fini par s'enivrer. Ils redoublent alors d'insolence, et deviennent menaçants ; on les entend tenir de sinistres propos, ils veulent jeter à bas des charrettes les blessés et les malades, ils veulent également s'emparer de la voiture qui renferme les officiers supérieurs français, et c'est à grand'peine qu'un capitaine prussien, qui a heureusement conservé son sang-froid, parvient à les protéger. De temps à autre, nous entendons sur les flancs du convoi, retentir des coups de feu ; chacune de ces détonations nous serre le cœur, nous croyons qu'on massacre nos soldats ou nos camarades ! Combien pendant cette nuit nos bourreaux ont-ils commis d'assassinats ! nous l'avons toujours ignoré ; nous avons su seulement que les Prussiens tiraient sans cesse sur le bord de la route, s'imaginant voir des soldats français s'échapper à la faveur de la nuit.

Enfin le cri de halte ! retentit d'une extrémité à l'autre de la ligne. On aperçoit à la tête de colonne briller des lumières, des torches de résine courent et s'agitent de tous côtés. On nous dit que nous venons d'arriver à *Endingen*, grand village où, paraît-il, il sera permis de se reposer un peu et de prendre quelque nourriture. Cependant aucun ordre n'est envoyé, on nous laisse sur la route, à la pluie, sans nous dire de quel côté nous devons nous diriger. Plusieurs officiers se hasardent à faire quelques pas; ils ont l'heureuse chance d'arriver jusqu'au village où ils peuvent obtenir quelques provisions; mais la plupart, contenus par l'escorte, n'osent bouger, beaucoup sont refoulés avec violence dans les rangs, et vers 7 heures, lorsque la colonne se met en marche de nouveau, le plus grand nombre n'a pu se procurer encore un morceau de pain !...

On défile lentement dans la grande rue d'Endingen au travers d'une foule hostile et curieuse, qui insulte les prisonniers au passage. Hommes et femmes se rapprochent de nous en riant, avec des falots à la main, qu'ils élèvent à la hauteur de nos têtes pour nous mieux voir. Mais tous les visages sont cachés dans les plis des manteaux, car chacun n'a d'autre souci que d'échapper à cette odieuse et lâche curiosité. La colonne continue à se traîner péniblement dans la nuit, sur la route boueuse. La pluie, qui n'avait pas discontinué pendant plusieurs heures, cesse enfin de tomber ; les nuages, brisés par des raffales de vent, se dispersent et le ciel nous apparaît tout rouge d'une belle aurore boréale vers laquelle tout le monde élève ses regards, comme pour y chercher une espérance dans l'avenir.

On voit enfin à l'horison briller quelques lueurs ; Riegel ! s'écrie-t-on, Riegel ! c'est-à-dire le terme de nos souffrances..., peut-être un peu de pain, mais certainement le repos si nécessaire après ces onze mortelles heures d'une marche continue.

Riegel est une importante station du chemin de fer Badois qui longe le Rhin, et va de Karlsruhe à Freiburg en passant par la forteresse de Rastadt sur laquelle nous sommes dirigés. A Riegel nous retrouvons nos pauvres soldats que nous avions perdus de vue depuis notre départ. Ils sont anéantis de fatigue et de besoin ; ils nous racontent les supplices qu'ils ont endurés, et ne trouvent pas de termes assez énergiques pour se plaindre des mauvais traitements dont ils ont été les victimes. Beaucoup d'entre eux, couchés sur les dalles de la gare, n'ont plus la force de se plaindre. Les officiers se mêlent aux divers groupes. Ils cherchent à relever les courages abattus et à calmer toutes ces colères qui grondent sourdement.

A Riegel de forts détachements prussiens entourent la gare; ces troupes ont une attitude menaçante qui provient sans doute de la crainte d'une explosion de fureur parmi les prisonniers. Nos ennemis ont entendu les malédictions des soldats français, ils ont entendu le jugement porté sur leur conduite par les officiers, et soit qu'ils veuillent se venger de ce qu'ils croient être une injure, soit qu'ils veuillent nous contenir par la crainte, ils redoublent d'insolence et de brutalité. Les officiers ou soldats qui veulent s'éloigner de la salle ou de la cour dans laquelle ils sont parqués pour demander leur bagage, ou bien pour chercher un peu de nourriture, sont violemment repoussés à coups de crosse de fusil ou de plat de sabre. Si quelques-uns, exaspérés par la colère, font entendre une plainte, un cri, aussitôt les baïonnettes menacent leur poitrine, et c'est par miracle que personne encore n'a été blessé.

A 10 heures un roulement de tambour appelle nos hommes sur le quai; le train qui doit les conduire à Mayence les attend; on les fait monter, ou plutôt on les pousse brutalement dans les wagons de 3ᵉ dans lesquels ils sont gardés à vue par 4 soldats avec le fusil chargé à la main. Les officiers français assistent de loin à cette triste scène derrière les vitres de la salle d'attente où ils sont renfermés; ils envoient de la main et du cœur un dernier adieu à ces pauvres soldats dont on les sépare pour toujours!

Tout-à-coup, un grand tumulte se fait entendre, des cris déchirants arrivent jusqu'à nous, notre porte s'ouvre avec violence, et le commandant d'artillerie Pinot se jette dans la salle en s'écriant : « Messieurs, on assassine nos soldats! » Nous nous précipitons aussitôt vers le quai, et nous voyons, avec horreur, à travers les fusils qui nous menaçent, les Prussiens chargeant à coups de sabre et de baïonnette sur cette foule d'hommes désarmés qui tourbillonne sous leurs coups. Quelques-uns d'entre nous, indignés de ce lâche attentat, veulent adresser des remontrances à un officier prussien qui aussitôt les menace, les frappe même de son sabre; le commandant Pinot reçoit à la tête deux blessures, aussitôt une troupe de soldats prussiens envahit notre salle en poussant des cris de fureur, ils abaissent leurs fusils sur nos poitrines, et pendant un instant nous croyons que notre dernière heure est arrivée. Tous groupés les uns à côté des autres dans une attitude calme et silencieuse, nous attendons!... cette violente situation ne dura que quelques minutes, elle ne pouvait se prolonger sans en arriver à un sinistre dénouement. L'officier supérieur commandant à la gare, prévenu par nos chefs de ce qui se passait, intervint assez tôt pour empêcher un crime dont il n'aurait jamais pu effacer la honte... Il adressa ses excuses, témoigna ses regrets, et le calme régna bientôt à la place de cet affreux tumulte. Le train qui emporte nos troupes s'éloigne alors au plus vite. A minuit il est suivi par un premier train d'officiers; un 2e convoi parti à 3 heures emmène le reste, et le 26 octobre à 8 heures du matin nous sommes tous réunis à Rastadt, où nous trouvons enfin le terme de tant de souffrances physiques, de tant de tortures morales !

Arrivés à Rastadt on nous réunit dans les casemates du fort où se trouvent des lits de camp disposés pour nous recevoir. 24 heures nous sont accordées avant de reprendre le train qui doit nous conduire à Breslau, lieu fixé pour notre résidence. Pendant cette journée, après les premières heures consacrées au repos, les prisonniers, réunis par groupes dans les longs corridors de la forteresse, se racontent à voix basse les souffrances qu'ils ont endurées et les dangers qu'ils ont courus. L'adjudant Berger, du 2ᵉ lanciers, nous apprend que c'est par miracle que 2 officiers de son régiment et lui ont échappé à la mort pendant leur voyage de Riegel à Rastadt.

Ces messieurs se trouvaient dans un wagon de 2ᵉ classe avec une garde composée de cinq hommes et d'un sous-officier tenant en main leurs fusils chargés. Le sous-officier, exaspéré par la scène de violence qui avait précédé le départ, et d'ailleurs surexcité par la boisson, regardait tout d'abord les Français d'un air menaçant et gesticulait vers eux avec colère, lorsque tout-à-coup s'adressant à ses hommes, il leur propose de massacrer sur le champ les prisonniers, il saisit même son fusil et se prépare à donner l'exemple. L'adjudant, qui parle l'allemand, comprend aussitôt le danger dont ils sont menacés, et se penchant vers ses camarades, il leur dit : « Messieurs, garde à vous !.... Nous sommes perdus !... » » Qu'y a-t-il ? demandent les officiers qui sucombant à la fatigue, commençaient à s'endormir? « Il y a que ces bandits complotent de nous assassiner !...... Attendez, ajouta-t-il, faites semblant de tout ignorer, il me reste un espoir. » Le capitaine André avait à sa ceinture une gourde d'eau-de-vie; Berger s'en empare, et soit dans l'espérance de détourner la colère du sous-officier prussien, soit dans l'intention de le griser tout à fait, il lui tend la gourde et lui dit : « Tenez, camarade, buvez !... » Le sous-officier hésite un instant, mais bientôt il repousse la gourde avec colère, la lui arrache et la jetant par la portière, il accable d'injures et de menaces le malheureux adjudant qui se croit définitivement perdu !... Heureusement, les soldats hésitaient encore à obéir aux ordres sauvages de leur chef, une longue discussion s'engage entre eux.... Cette querelle dura pendant les longues heures de ce terrible voyage qui se termina enfin sans que le crime eût été consommé.

A Rastadt, nos rapports avec les Prussiens devinrent tout autres. Autant nos ennemis avaient été jusque-là insolents et brutaux, autant ils devinrent, à partir de ce jour, prévenants et polis. Les officiers supérieurs logés dans le palais grand ducal, n'eurent comme nous qu'à se louer de leurs procédés.

Le 27 à onze heures du matin, un train composé de wagons de 1re et 2e classe nous emporte tous vers Heidelberg, où nous arrivons à 3 heures; nous consacrons 2 heures d'arrêt à parcourir cette ville célèbre et si intéressante à visiter; malheureusement nous ne sommes pas dans une situation qui nous permette de nous livrer à de longues promenades de touristes. Nous nous dirigeons cependant sur les bords du Neckar dont nous suivons les rives pittoresques. Bientôt nous apercevons au sommet d'une colline boisée les ruines du château que plusieurs d'entre nous ont visité en des temps meilleurs. Cette fois nous restons au pied de la montagne et nous admirons à distance l'ancien palais qu'éclaire dans toutes ses parties la vive et rouge lumière du soleil couchant, comme pour nous montrer l'œuvre de destruction commencée par la France pendant les guerres du Palatinat. Mais l'heure nous presse, nous ne devons pas oublier que cette liberté dont nous jouissons depuis une heure n'est qu'une illusion !

A 5 heures nous arrivons à Francfort, d'où nous repartons à 10 heures et demie; vers minuit nous entendons retentir un nom de bataille, un nom de victoire! Hanau ! Hanau ! Nous commençons en effet à traverser ces immenses plaines d'Allemagne que nos pères ont si longtemps parcourues en triomphateurs.... Le 28, vers onze heures nous passons à Apalda d'où nous pouvons entrevoir, sur notre droite, dans le sud, le champ de bataille d'*Iéna* sur lequel Napoléon 1er abattit la Prusse en 1806; soixante-quatre ans après, un autre Napoléon permettait à cette Prusse broyée entre les mains du grand homme, dont il ne porte que le nom, de prendre la terrible revanche dont nous sommes aujourd'hui les victimes. Enfin, à une heure et demie nous arrivâmes à Leipzig.... 1813! date funeste qui rappelle à notre souvenir le premier deuil du drapeau français sur la terre allemande. A Leipzig nous rencontrons à la gare un Polonais qui vient vers nous pour s'informer de notre sort et de nos besoins; il nous offre ses services avec une effusion qui nous émeut; il nous parle en compatriote, en frère. La Pologne, nous le savions bien, est pour la France comme une sœur toujours dévouée qui oublie les ingratitudes passées pour compatir à ses malheurs du moment. Le nom de ce Polonais est le comte Scibor Rylski; je le remercie au nom de tous mes camarades reconnaissants, car c'est de lui que nous avons reçu les seules marques de sympathie qui nous aient été données pendant le cours de ce long voyage.

A une heure et demie nous quittons Leipzig. A 5 heures le train s'arrête et nous entendons résonner encore le nom d'une victoire, Dresde. A 6 heures, nous traversons Bautzen, un de nos derniers triomphes! Nous arrivons à Kholfurth vers 10 heures du soir; là nous avons le regret de nous séparer des officiers de lanciers qui sont dirigés sur Glogau. Ces messieurs partent à 2 heures du matin après avoir échangé avec nous de tristes adieux; nous éprouvons tous un serrement de cœur au moment de cette séparation qui nous éloigne de camarades devenus nos amis. Nous partons à notre tour à 4 heures du matin pour Breslau, et nous arrivons enfin au terme de ce douloureux voyage le 29 octobre à neuf heures du matin.

Jetés violemment, par notre triste destinée, bien loin de notre malheureuse patrie, sur les ruines de laquelle nous avons laissé toutes nos espérances, nous tombons ici le cœur brisé!...

Depuis ces tristes événements, la France mutilée, expirant sous le genou de son impitoyable ennemi, s'est vue contrainte à signer, d'une main défaillante, le traité de paix par lequel la Prusse ne croyait plus lui laisser que le seul courage de mourir ! Non-seulement la France a perdu le sang le plus pur de ses veines ; non-seulement elle a perdu sa fortune, sa vieille renommée militaire, tout ce qui fait la gloire et la force d'une nation, mais elle s'est vue arracher encore ses deux plus fidèles provinces, l'Alsace et la Lorraine ! Provinces si fortes par l'intelligence et le savoir, si puissantes par l'industrie et le travail, si dévouées par leur patriotisme ! De toutes les ruines, de tous les malheurs accumulés sur notre patrie par cette guerre sans espoir et sans pitié, le plus grand, le plus irréparable, celui qui laissera après lui une plaie toujours saignante, c'est bien le malheur qui nous est infligé par cette cruelle séparation. Que les Alsaciens et les Lorrains qui pleurent chaque jour en songeant à la patrie absente, qui chaque jour frémissent de honte et de colère à la vue de leurs odieux vainqueurs, sachent bien que la France est inconsolable de les avoir perdus, qu'elle aussi pleure chaque jour et ne vit plus que d'une seule pensée, celle de les délivrer ou de les reconquérir. Nous en sommes certains, ce jour de la délivrance viendra, ce jour de la réparation et de la justice viendra... Mais quand viendront-ils ?

Lorsque par le travail nous aurons reconquis la richesse, lorsque par l'étude nous aurons reconquis la science, lorsque par la prière et le repentir nous aurons reconquis la vertu

La France tient dans ses mains l'avenir de l'Alsace et de la Lorraine, ainsi que son propre avenir, Metz et Strasbourg représentent pour elle la belle récompense qu'elle trouvera au bout de ses efforts. Vaincue par la science et l'amour du devoir, lorsqu'elle sera redevenue savante et dévouée, la France redeviendra victorieuse. Dans la prochaine lutte, le mot *victoire* ne représentera plus pour elle cette seule idée de *gloire*, idée trop chevaleresque, qui trop souvent nous a poussés au combat.

Notre guerre future, si l'Allemagne ne consent pas à nous restituer sa conquête, sera comme une sainte croisade. Ce lambeau de la patrie, détaché d'elle par la violence, est un *lieu saint* que la France doit et veut reconquérir. Au jour de cette lutte suprême, elle aura pour elle *Dieu et son droit :* alors elle combattra non pour accomplir sa vengeance, mais pour délivrer ses enfants; non pour *triompher*, mais pour chasser l'ennemi qui outrage sa demeure,... et cette victoire sera celle de la justice et de la liberté.

COMTE DE CAMBOLAS.

Toulouse, ce 30 juin 1871.

www.ingramcontent.com/pod-product-compliance
Lightning Source LLC
LaVergne TN
LVHW021746080426
835510LV00010B/1342